LETTRES À UN AMI

SUR

QUELQUES QUESTIONS FONDAMENTALES

DU DOMAINE

DE LA PHILOSOPHIE DE LA NATURE.

PAR

LE DR. HENRI LEVITTOUX.

PARIS
F. SAVY, LIBRAIRE-ÉDITEUR,
77 Boulevard St. Germain.
1877.

ERRATA.

Pages.	*Ligne.*	*Au lieu de:*	*Lisez.*
5	20	de la nature	de la Nature.
5	24	Philosophie de la Nature	Lettres à un Ami.

Lettres à un Ami

SUR

QUELQUES QUESTIONS FONDAMENTALES

DU DOMAINE

DE LA PHILOSOPHIE DE LA NATURE.

LETTRES À UN AMI

SUR

QUELQUES QUESTIONS FONDAMENTALES

DU DOMAINE

DE LA PHILOSOPHIE DE LA NATURE.

PAR

LE DR. HENRI LEVITTOUX.

PARIS
F. SAVY, LIBRAIRE-ÉDITEUR.
77 Boulevard St. Germain.
1877.

Дозволено Цензурою.
Г. Варшава, 20 Апрѣля 1877 г.

Lettres à un Ami

SUR QUELQUES QUESTIONS FONDAMENTALES

DU DOMAINE

DE LA PHILOSOPHIE DE LA NATURE.

CHER AMI!

La lettre par laquelle Vous m'invitez à entrer en correspondance avec Vous, afin d'élucider quelques questions fondamentales du domaine de la philosophie de la nature, m'a fait d'autant plus de plaisir, que, connaissant Votre science profonde, ainsi que Votre jugement sévère en cette matière, mes vues dans ces questions si intéressantes n'auront, j'ose l'espérer, qu'à gagner dans cette polémique.

Oui, cher Ami, je Vous écrirai, me réservant toutefois le plaisir de recevoir Vos observations en échange.

Comme toutefois, il m'est impossible d'écrire dans un autre esprit, que sur le terrain des idées déjà publiées par moi et contenues dans mon livre [1]), dont je vous ai envoyé un exemplaire en souvenir d'amitié, et qui Vous

---

[1]) *Philosophie de la nature.* Paris 1874. 1 fort vol. in 8⁰, 611 pages. Troisième édition. Chez F. Savy Libraire-Editeur. Boulevard Saint-Germain 77. L'édition originale polonaise du même ouvrage a paru à Varsovie en 1869.

semblent être en plusieurs points obscures et en désaccord avec l'état actuel de la science, je considère comme un devoir, de commencer notre entretien, par Vous donner dans cette lettre mes idées exactes sur ces questions, savoir: *sur la nature intime de la matière et de la force; ce que j'entends par l'atome; quelle est la cause du mouvement; de quelle mystérieuse manière la force vit au milieu de la matière et la gouverne; de quelle manière l'âme est liée au corps, et si nous apportons avec nous en naissant des idées innées; quel est le rapport de la force créatrice ou de l'Etre Créateur à la nature ou à l'être créé; comment je comprends la création du monde; et un mot sur l'immortalité de l'âme*..... convaincu, qu'il faut, que Vous connaissiez bien à fond mes idées, dès ma première lettre, pour pouvoir continuer avec fruit notre correspondance. Déjà Newton, comme Vous le savez, cher Ami, regardait le *feu* comme composé de petites parcelles. Galilée et Huygens soutenaient aussi, que le *feu* pénètre dans les corps sous forme de petits corpuscules. Secchi et Tyndall enseignent de nos jours, que les parcelles *indivisibles* de la *matière* pondérante, que les atomes matériels, se trouvant dans un mouvement extrêmement accéléré, qui peut atteindre de 50,000 à 946 trillions de vibrations par seconde, donnent les phénomènes de la force physique, tels que: *chaleur* et *lumière* et que la différence entre une force et une autre dépend du degré de la vitesse de ces vibrations. Secchi pourtant a soin d'ajouter, *que la matière est composée d'autres atomes que la force* et renvoie pour la solution de cette question à la *métaphysique*, tout en faisant remarquer, *que cela importe peu la physique, si les atomes sont les parcelles indivisibles de la matière, ou de la force.*

Quant à nous, en sortant du principe, que le *feu* — force physique, est composé de particules, donc de particules de la force, et doit être le phénomène des particules en mouvement non pas de la matière pondérante, mais impondérante ou de la force, nous avons conclu 1°, que les atomes de la matière se divisent ou se décomposent au moment de la combustion, ou de la décomposition chimique des corps en atomes de la force, lesquels atomes de la force se trouvant dans ce cas libres ou dans le cours aux nouvelles combinaisons entre eux, pour se constituer en un nouveaux système de corps, donnent les phénomènes de la force; qu'en tant que les atomes de la force sont liés entre eux en un système de corps, ils constituent la matière, lorsqu'ils sont libres ou dans le cours aux nouvelles combinaisons, donc en mouvement vibratoire extrêmement accéléré, ils donnent les phénomènes de la force physique et sont force; 2°, que dans tous les cas, la matière est tissée de parcelles indivisibles de la force ou d'atomes de la force — ce qui nous donne le mécanisme de la liaison intime de la force avec la matière et nous explique la nature intime de la force et de la matière; 3°, que par conséquent l'atome de la force est l'élément de toute la création.

Et j'appuie encore cette théorie sur le fait, que de même, qu'en mathématique *l'unité* 1, est l'élément, dont se composent tous les nombres, et qu'il y a *dix chiffres* — types, composés *d'unités* et autant de différents symboles pour les désigner, comme 1, 2, 3, 4, 5, 6, 7, 8, 9, 0 — qui, par leurs combinaisons purement mécaniques, variées à l'infini, donnent tous les nombres imaginables; et si je place 2 à côté de 5, ou 4 à côté de 9, je n'ai pas en vue les symboles, mais le *nombre d'unités* qu'ils représentent, de même cela a lieu avec les *atomes matériels* des corps simples, tels que: or, cuivre, fer, gaz hydrogène, gaz oxygène etc., etc., lors de leurs combinaisons chimiques. Il y *a 67 principes élémentaires* de la matière ou *corps simples* dans l'état actuel de la science ou autant *d'atomes matériels types* — ce qui est contraire à la logique; car, étant 67, ils ne sont pas des éléments ni l'un, ni l'autre; car le terme-*élément*, veut dire *unité-type*. Cette unité peut être infinie dans son nombre, et c'est des combinaisons mécaniques variées à l'infini de cette *unité* que naissent d'abord les *67 atomes matériels types ou symboles*, et de la combinaison variée à l'infini de ces symboles vient toute la création,

Et j'ai d'autant plus le droit de soutenir cette thèse, car Mr. Dumas, illustre chimiste Français, mon maître, a prouvé dans ses travaux sur la *loi de Prout*, que *le poids atomique* est *fractionnaire;* que les atomes des corps simples considérés par la science comme *unités*, ne sont pas des *atomes simples de la première création*, mais qu'ils sont *composés d'atomes élémentaires* [1]). A l'appui de ma thèse je signalerai encore le fait suivant: si je prends le fluide électrique — l'électricité (force physique) et si j'unis l'électricité positive à l'électricité négative (deux propriétés opposées de la même force, d'après ma théorie), je vois, que l'union de ces deux forces ou de ces deux propriétés de la force donne le phénomène du feu ou d'une étincelle électrique. Et notons bien, que je n'ai pris pour mon expérience que la pure *force* et non pas la *matière*. Or, comme d'après l'état actuel de la

---

[1]) Secchi. Unité des forces physiques. Paris 1-ère édit., pag. 607—608.

science le feu est le phénomène qui accompagne le mouvement des atomes de la matière, le feu de mon étincelle serait dans cette hypothèse le phénomène qui accompagne le mouvement des atomes de la *matière* et d'après ma théorie, il sera le phénomène du mouvement des atomes du fluide électrique ou de la *force*. Le feu est donc le phénomène du mouvement des atomes de la *force* et non pas de la *matière*, ou de la *matière*, mais en ce sens, que cette dernière est composée en dernier lieu d'atomes de la *force*. J'ai en fin le droit de soutenir cette thèse, car la chimie elle même en nous enseignant, qu'un composé de deux corps donnés, n'a ni les propriétés de l'un ni de l'autre et qu'il constitue un corps, dans lequel les propriétés de l'un et de l'autre sont profondément altérés, est impuissante à nous expliquer le mystère de ce phénomène. Dans cette hypothèse, qui considère les *atomes matériels* des corps simples comme indivisibles et inaltérables, un corps, l'eau (H_2O) par exemple, comme résultat de la combinaison de deux corps simples, tels que: le gaz Hydrogène (H) et le gaz Oxygène (O), devrait conserver les propriétés de l'hydrogène et de l'oxygène; puisque les atomes matériels de ces deux corps simples sont restés dans l'eau *non altérés, non décomposés, non divisés,* et non disparus, tels en un mot, qu'ils étaient, lorsqu'ils constituaient l'hydrogène et l'oxygène. La science va nous répondre que cela a lieu ainsi dans les mélanges mécaniques, et que, quand même, sa théorie est bonne d'abord, parceque les 67 corps simples—élémentaires sont tels, car on ne peut pas les décomposer par l'analyse chimique et surtout, parcequ'on peut obtenir, par exemple, le gaz hydrogène et le gaze oxygène par la décomposition de l'eau. Donc, ajoute la science, *ces principes,* et leurs *atomes* n'ont subi aucune altération lors de leur combinaison chimique en se convertissant en eau. Je répondrai, qu'on peut retirer le gaz hydrogène et le gaz oxygène de l'eau par l'analyse chimique, qu'on peut par conséquent obtenir les atomes non altérés de l'hydrogène et de l'oxygène, par la raison que les atomes pondérants, quoique indivisibles comme matière, comme symboles-types, se composent *d'unités types*, d'éléments-types pour toute la création; qu'ils se composent *d'atomes impondérables* ou *d'atomes de la force physique* inaccessibles aux manipulations et aux investigations matérielles de la physique; *que les atomes matériels, dis-je, de l'hydrogène et de l'oxygène se sont décomposés en unités ou en atomes de la force lors de la combinaison de l'hydrogène avec l'oxygène, qu'ils ont disparu, et que, se trouvant sur ce terrain, (divisés en unités, ou en atomes de la force) que ces unités ou atomes de la force sont entrés entre eux dans de nouveaux rapports, se sont constitués en un nouveau système de corps et ont donné les atomes matériels ou pondérables de l'eau, l'eau en un mot; et que pendant la décomposition de l'eau, les atomes de l'eau se sont denouveau divisés en unités ou en atomes de la force, lesquelles unités ou atomes de la force sont retournés de nouveau aux premiers rapports entre eux et ont formé les atomes matériels de l'hydrogène et de l'oxygène. Que par conséquent les atomes de l'hydrogène et de l'oxygène ont perdu dans l'eau leur individualité et leurs propriétés, parcequ'ils y ont cessé d'exister comme tels et que c'est bien pour cela, que l'eau composée d'hydrogène et d'oxygène n'a les proprietés ni de l'un ni de l'autre, mais qu'elle constitue un corps, dans lequel les propriétés de ces deux corps simples sont profondément et essentiellement altérées.*

On a calculé, il est vrai, quelle quantité d'atomes d'hydrogène et d'oxygène se trouve dans un atome d'eau et on a su retirer juste autant d'atomes d'hydrogène et d'oxygène d'un atome d'eau. Mais c'est purement et simplement le résultat du calcul, qui vient de là, qu'il faut justement deux mesures de gaz hydrogène et une mesure de gaz oxygène pour faire de l'eau et que par l'analyse d'une telle quantité d'eau, on a retiré deux fois autant de gaz hydrogène que de gaz oxygène. Mais la science ne nous explique pas le mystère de l'intime procédé des combinaisons chimiques, ni pour=quoi les propriétés de l'eau obtenue par la combinaison de deux corps simples entre eux ou par leur union diffèrent essentiellement des propriétés de ces deux corps, dont elle n'est pourtant que la combinaison; car, dans l'hypothèse de l'état actuel de la science, qui admet 67 principes élémentaires de corps ou autant de corps simples, indivisibles et inaltérables dans leurs atomes matériels, il n'en pouvait être autrement. Et que dire maintenant des combinaisons organiques? Je dis, que lors des combinaisons des corps, leurs atomes matériels ou pondérants se décomposent en unités ou en atomes de la force, ou en atomes impondérables ou en atomes de la création et disparaissent, lesquels atomes de la création se trouvant dans ce cas libres et prêts à entrer entre eux dans de nouveaux rapports pour se lier en un système de corps nouveau, doivent fatalement être en mouvement—qu'ils sont force, que le mouvement est ici le phénomène de l'action qui constitue leur nature intime, la nature intime de leur être; car ils sont *force* ou *action*; qu'il est la conséquence de leur fougue pour entrer dans de nouveaux rapports entre eux et se lier en un nouveau système de corps. La chaleur et la lumière accompagnent le moment de ce procédé, de cette action ou le moment d'action de la force ou des atomes de la force en mouvement; car l'atome primitif, comme parcelle de la force n'est autre chose, comme je l'ai expliqué dans mon livre, que l'expression du rapport de l'attraction à la répulsion considéré comme entité, comme être, comme existence — et quant il est libre, il faut qu'il soit en action, puisqu'il n'est pas autre chose que *l'action* ou la *force*, dont l'attraction et la répulsion sont deux proprietés inhérentes. La force ou l'action (dans le sens abstrait) est sans couleur et sans température. D'où vient donc le phénomène de la chaleur et de la lumière pendant le mouvement des atomes de la force? Il vient de ce qu'une fois les atomes de la force, qui ne sont pas des atomes abstraits, mais demi-matériels, qui sont des atomes de l'état impondérable de la matière se trouvant en mouvement vibratoire extrêmement accéléré, donnent les phénomènes de la chaleur et de la lumière et que les atomes pondérants ou matériels, qui sont composés d'atomes impondérables, participant à ce mouvement pendant leur décomposition ou leur disparition, donnent par leur mouvement 1°, les phénomènes de différentes couleurs à la lumière (propriété, qui est la base de l'analyse spectrale), ce qui dépend de l'espèce du corps simple, qui est le théâtre de ce mouvement des atomes dans ses entrailles; 2°, la plus ou moins grande pureté à la lumière. Dans tous les cas c'est au mouvement des atomes de la force que revient l'honneur des phénomènes de la chaleur et de la lumière; car ce sont eux, qui sont *l'action* et *les moteurs* du mouvement par le caractère intime et essentiel de leur nature.

Dans quelles conditions les mêmes atomes élémentaires ou *unités* sont vivants et agissent avec la connaissance de leur action et dans quelles conditions sont ils soumis à la fougue passive qui leur est prescrite par la loi de leur nature intime; quand les atomes sont ceux de la force spirituelle, et quand ils sont du domaine de la force physique et ne sont que le rapport de l'attraction à la répulsion exprimée, Vous le verrez, cher Ami, dans la suite de cette lettre.

S'il importe donc peu à la physique, que les atomes soyent les atomes de la matière, ou de la force, et si la phisique dans l'hypothèse de l'atome matériel ou pondérant ne peut pas expliquer pourquoi les corps en se combinant perdent leurs propriétés essentielles, c'est la métaphysique qui nous résout pour la première fois ce mystérieux problème.

Notre théorie, cher Ami, a encore cet avantage sur celle qui règne actuellement dans la science, qu'elle nous explique la nature intime de la *matière*, comme tissée d'atomes de la force (car on ne peut pas supposer que la force physique qui est divisible, qui se compose de parties, puisse se trouver dans la matière comme un corps étranger, comme la crème ou le café dans une tasse par exemple; on ne peut pas supposer par conséquent qu'un atome matériel soit une petite bulle microscopique renfermant mécaniquement dans son milieu la force physique); qu'elle nous dévoile le mystère de la nature intime de la *force*; qu'elle nous explique pourquoi la force a une prise sur la matière et vice versâ, et surtout comment la force peut vivre au milieu de là *matière* et la gouverner, etc. etc.

Les atomes en outre par le seul fait, qu'ils se tiennent liés dans un système de corps dans la matière ne cessent d'agir, ne cessent d'être force, donc ne cessent d'être en mouvement, quoique limité—oscillent. D'où, les phénomènes de la chaleur latente des corps, d'où leur propriétés lumineuses etc. etc. Voilà quelques phénomènes importants de résolus—je l'espère.

Nous sommes donc arrivé à la conviction, que l'atome est une parcelle indivisible de la force; que, comme *unité*, il est l'élément de toute la création. D'où, par analogie, appuyé sur la loi, comme nous le verrons plus loin, et que Vous trouverez formulée dans ma „Philosophie de la Nature“: que tous les phénomènes des forces—que toutes les forces depuis la force physique jusqu'à l'intelligence sont une et même chose dans le principe — dans l'atome, savoir: qu'elles sont seulement les différents degrés de combinaisons et de métamorphose du même élément— de l'atome impondérable et que la matière, depuis l'atome pondérant, depuis la pierre jusqu'à l'homme, n'est, que l'expression des différents degrés de combinaisons et de la métamorphose de ce même atome impondérable, j'en conclus, que de même, que le feu est un phénomène, qui accompagne, comme être, le procédé de la mutation de la matière, comme par exemple de la conversion d'un morceau de *bois* pendant sa combustion en *suie*, sans compter d'autres produits, de même la force de la vie ou *la vie* est un phénomène qui, comme être, accompagne la mutation de la matière organique, dans l'organisme des êtres durant leur existence, en un organisme de plus en plus mûr et parfait. D'où encore, la matière organique est tissée d'atomes de la force organique. Ce qui nous explique le rapport de la force de la vie à la matière organique ou à la matière vivante et résout la question: de quelle manière la force de la vie est liée à la matière organique dans un être vivant et jusqu'à quel point ou plutôt de quelle manière l'une et l'autre dans le principe sont même chose. Et puisque la force de l'intelligence n'est, que le degré culminant de la force de la vie, je conclus de là, toujours par analogie, que le *cerveau* ne sécrète pas l'intelligence comme le foie sécrète la bile ou comme les reins sécrètent l'urine (Vogt), mais bien, que la force de l'intelligence — que l'âme n'est qu'un phénomène, qui accompagne, *comme être*, le procédé de la mutation de la substance grise du cerveau (où justement est le siége de l'âme. Flourens.) pris au moment de l'élévation de la force de la vie au degré de connaître son *moi*. Comme alors *la force* physique est liée avec la matière simple dans un corps brut, car ce dernier, je le répète est tissé d'atomes de la force physique, de même *l'âme* est liée à notre corps, car la substance grise du cerveau est tissée d'atomes de la force de la vie. Donc les atomes de la force de la vie liés en un système de corps, constituent la substance grise du cerveau, et au moment de la mutation de cette substance pour en faire une, de plus en plus mûre et parfaite, ils donnent les phénomènes de la force organique et quand cette dernière arrive à son degré culminant et connaît son *moi* donnent les phénomènes de la force de l'intelligence—de notre âme.

Il en résulte, que la matière envisagée d'une certaine manière, sent, pense, et entend. C'était aussi l'opinion de Leibnitz, que la matière pense, mais il ne l'a pas ex pliqué. Si je suis plus heureux que Leibnitz dans cette circonstance, je Vous en fais juge.

Tout cela nous explique le *rapport de la force à la matière* ou le mécanisme de la transformation de la force en matière et de la matière en force, mais ne nous donne pas une idée claire et précise de la nature intime de *l'atome*, comme cause du *mouvement* ou de la vie de l'univers et par cela, ne nous explique pas la nature intime de la force, ni de la matière.

Pour résoudre ces questions, j'en soulève une autre, je soulève la question de Dieu, du rapport de la force créatrice—de Dieu, à la nature et comme de raison à l'atome ou de l'Etre Créateur à l'être créé—laquelle une fois résolue, la solution du problème de la nature intime de la force et de la matière, ainsi que de l'immortalité de l'âme va se trouver d'elle même résolue.

Les anciens, Vous le savez bien, cher Ami, ne nous ont pas laissé de réponse à ces grandes questions. Faust et Manfred [1]) si j'en appelle aux penseurs et aux poëtes, n'ont aussi trouvé ni dans la philosophie, ni dans la médecine, ni dans la jurisprudence la solution de la question de la cause première et la théologie ne leur a pas donné de conception plus claire et plus juste sur l'Esprit de l'univers. Ils ont approfondi toute la sagesse et ils ont fini par le doute. Goethe et Byron de même qu'Aristote et Newton ne savaient pas d'où ils venaient et n'ont pas résolu le problème de notre vie future. L'eternité des siècles nous a laissé.... le doute pour héritage!

Nous sommes arrivé, à notre avis, à la solution de ces questions par une voie bien plus courte, et plus ra-

---

[1]) Goethe et Byron, étaient comme on le sait, de grands penseurs et le premier même était un profond savant naturaliste et philosophe.

tionnelle, car c'est en étudiant notre propre être spirituel et en étudiant les analogies qui existent entre les phénomènes de la nature.

Ainsi, si j'étudie mon esprit, mon être spirituel, ma raison par ma raison, j'arrive à la certitude, que puisque je pense, je veux, je sens, je raisonne et je crée, donc j'ai en moi un esprit qui crée, et comme je suis une parcelle de la nature, comme je suis de la nature, donc la pensée, la raison, et la volonté existent dans la nature — qu'il existe un esprit créateur dans la nature — qu'il existe une sagesse dans la nature. Et comme il y a des intelligences supérieures, et inférieures, qu'il peut exister dans la nature et existe une intelligence bien au-dessus non seulement des intelligences supérieures, comme celle de Kopernik et de Newton par exemple, mais d'un ordre, qui surpasse notre intelligence, comme celle de tous les siècles du passé et à venir au point, comme son oeuvre — la nature, surpasse nos oeuvres à nous; — qu'il existe un Dieu, un Esprit Créateur supérieur ou Cause Première de toute existence dans la nature, sans être emprisonnée en elle, de même, comme sur une petite échelle, mon esprit vivant dans mon cerveau est libre, car il peut agir hors les limites du cerveau et qu'il peut vivre et exister hors les limites de la sphère de la matière de mon cerveau.

Et puisque dans les oeuvres de mon esprit, dans lequel est le Dieu créateur [1] je vois, que cet esprit ti-

---

[1] „La raison supérieure qui réside dans l'homme, est Dieu même" Fénélon. De l'existence de Dieu t. 1 p. 93. „Vous êtes tous des Dieux" a dit Jésus Christ. Evang. selon St. Jean.

re ses idées de lui-même qu'il crée de lui-même et non-pas du *néant* ou plutôt, qu'il crée du *néant*, mais pour nos sens seulement, il *en résulte, pour moi, que Dieu a créé la nature de son moi ou de son propre être et non pas du néant.*

Si nous prenons maintenant en considération, que chaque homme a Dieu en lui, que l'intelligence des hommes supérieurs brille de la lumière Divine, que l'homme étant enfant, a cette intelligence moins développée, qu'il n'avait aucune intelligence au moment de sa naissance, que cette intelligence, lorsqu'il n'était qu'un foetus de quelques heures dans le sein de sa mère, était réduite à la force organique végétale et lorsqu'il n'était avant sa conception, qu'un point microscopique de la matière cristallisée que son intelligence était force physique gouvernant les atomes de ce petit cristal et les constituant; en prenant en considération, que cette force physique avec le développement organique de ce petit point cristallisé, lorsque ce petit cristal est devenu homme du génie de Newton, ou de Kopernik, brille de l'intelligence divine; j'aj conclu: 1-o, que la force physique est l'intelligence dans le principe, qu'elle est dans le principe notre âme, puisqu'elle peut devenir âme par la voie du développement ou de la métamorphose; 2-o, que la matière brute, qu' une pierre a une âme dans le principe—dans l'atome, que les plantes et les animaux ont une âme déjà beaucoup plus développée; 3-o, que l'âme en devenant force physique après la mort du corps ne périt pas, qu'elle périt seulement dans le monde des sens; 4-o, que Dieu est visible dans l'homme et qu'il est caché dans la nature dite morte—dans l'atome, où il trahit son active présence par ce qu'on appelle *lois de la nature*; 5-o, que l'atome est vivant, parceque Dieu est son âme et qu'il agit en lui caché pour nos sens réduit aux lois de l'attraction répulsive, et comme dans une parcelle de notre intelligence visible, car il est élevé en elle à la *volonté*, à la *raison*, à *l'amour*, à la *sagesse;* 6-o, que *l'attraction et la répulsion* ou le *rapport* de *l'attraction* à la *répulsion* considéré commme être dont la *Force Créatrice* est le *moteur* extrême, constituent deux proprietés distinctes, intimes et inhérentes de l'atome et font que *l'atome* est *force*; car l'atome n'est que leur concrétion, que leur expression dans le monde physique ou dans la création; 7-o, que l'attraction répulsive comme être est force dans le monde de la matière et Dieu même dans le monde spirituel.

Nous avons donc une preuve scientifique de l'existence de l'Esprit Créateur ou de la cause première— de Dieu, et de son rapport à l'être créé ou à la nature.

Il existe des savants, qui pretendent, que la science n'arrivera jamais à la connaissance de Dieu. Or, ces savants ont oublié, que justement l'étude des lois de la nature, par lesquelles l'Esprit Créateur trahit en elle son active présence, ainsi que l'étude de la raison par laraison, constitue une méthode scientifique, qui conduit à la connaissance de Dieu en tant, qu'il est visible dans l'homme et caché dans l'immensité de la nature.

Les savants ont donc raison dans le cas seulement, où ils ont en vue le Dieu absolu; mais ils ont tort de soutenir, que la science ne parviendra jamais à connaître Dieu relatif ou tel, qu'il est dans la nature.

Ainsi, Vous voyez, cher Ami, qu'en étudiant les phénomènes de la nature, je suis arrivé à la certitude, *que la nature est la Sagesse exprimée de l'essence spirituelle et par la volonté de l'Etre Créateur même*—qu'elle n'est autre chose, que cette sagesse même exprimée pour nos sens; qu'elle est par conséquent aussi éternelle que sa Cause Première. Il s'en suit,que le monde tout entier, que l'univers est le Dieu exprimé dans l'espace, sans y être emprisonné; que la création ou la métamorphose de Dieu en la nature et le retour de la nature à Dieu dure toujours— ce qui fait la vie de l'univers. D'où j'ai tiré la conclusion: *que l'atome,* ([1]) *que l'homme, ainsi que toute la nature, n'est qu'un certain état de la Force Créatrice — de Dieu, dans le monde des sens et Dieu même dans le monde spirituel;* que l'homme par conséquent était Dieu avant de venir au monde et qu'il retournera après la mort du corps sur place, cela veut dire, *dans son cerveau mort* à Dieu, en servant la nature depuis le commencement jusqu' à la fin du monde dans ses évolutions, tantôt, comme humble poussière—atome, cachant Dieu dans ses entrailles, une autrefois comme intelligence, agissant avec connaissance de son moi et brillant de la Sagesse divine; que par conséquent après ma mort, lorsque mon corps deviendra poussière et mon âme force cosmique, que mon âme pour cela ne périra pas et est immortelle; seulement, elle périra dans le monde des sens, pour les sens, qui n'ont pas le pouvoir de voir Dieu dans la force physique qui est son âme, qui est son immortalité. Et cette théorie n'a rien de contraire même à notre religion, car l'Ecriture nous enseigne: que Dieu est tout aussi bien présent dans l'immensité del'univers, que dans le moindre brin de pous-

---

[1]) Les hautes facultés de Dieu sont réduites dans l'atome à ses propriétés physiques, élémentaires—donc ces propriétés sont le germe, l'élément des facultés spirituelles dans le monde physique.

sière. Et ce n'est pas ma faute non plus, quant au ciel, séjour des âmes après la mort du corps, que là est le séjour de Dieu—le ciel, où est son Etre; quoique les matérialistes qui veulent passer pour spiritistes, ne cesseront de soutenir pendant longtemps encore, que le ciel est placé dans les hautes régions de l'atmosphère, et les peintres ne pouvant pas le représenter dans un atome, nous le peindront toujours dans les hautes sphères de notre planète. Et les peintres n'auront pas grand tort à la fin du compte, vu, que Dieu est présent toujours et partout, et que le Ciel est aussi bien où nous vivons, que dans les régions occupées par les soleils et les étoiles: par la raison bien simple, que la terre d'après les lois de la nature parcourra demain les régions qu'occupent aujourd'hui les étoiles et qu'occupaient hier les soleils! Je reviens à la question et je dis, que je sais aujourd'hui que la sagesse des siècles n'est autre chose que Dieu compris dans le temps; que nous connaissons Dieu en tant, qu'il nous est donné de la voir dans les lois de la nature; que nous pouvons le percevoir en nous-mêmes, dans la sagesse des siècles, dans la nature.— Je n'ai donc pas besoin de provoquer le Créateur et le Maître de la nature, comme Vous le voyez; je n'ai pas besoin de provoquer à l'exemple de Goethe, le mystérieux moteur de l'univers, pour le regarder face à face, pour embrasser le mystère de sa puissance et toucher son Etre! car je le vois exprimé dans l'espace; car je le vois dans la nature—amour et sagesse palpable pour mes sens; car je le vois se transformer continuellement en la nature; car je vois à chaque instant le retour de la création à sa cause première — à Dieu; car je le vois dans les lois de la nature; car je sens sa puissance créatrice dans mon esprit; car je le vois et l'admire dans l'élite de l'humanité; car je le vois dans la masse de l'esprit des générations, dans les évolutions continuelles de l'univers, se dévoilant de plus en plus — ce que nous appelons *progrès*, perfection, rapprochement de plus en plus grand vers la Vérité Eternelle.

En passant sous silence beaucoup d'autres questions, que je traite à fond dans ma „Philosophie de la Nature" comme celle du développement des êtres organiques et par là, celle de l'origine de l'homme etc. etc., Vous m'excuserez, cher Ami, si je soulève encore dans cette lettre deux questions, importantes par le seul fait, qu'une d'elles touche la création du monde dans le sens rigoureux du mot et que l'autre reste non résolue depuis Platon, savoir: si nous apportons en naissant quelques idées avec nous.

Or, „dans le temps, où écrivait Laplace" dit Seguin aîné (1), il régnait une telle incertitude, quant à la cause de la production de la force, quant à la nature des effets qui en sont les suites et quant aux lois, qui régissent le mouvement des corps; jusqu'à ce point on ne faisait pas attention, que les systèmes ne sont que les fruits des idées concues d'avance et qu'ils n'ont pas d'autre appui et d'autre droit d'existence, que l'estime qu'on professe pour les noms de leur auteurs, que La-

(1) Réflexions sur l'hypothèse de Laplace relative à l'origine et à la formation du système planétaire. Par Seguin aîné, membre de l'Institut. Paris 1867.

place dans l'exposition de son système planétaire s'est avancé jusqu'à soutenir: qu'il ne regarde pas comme impossible, que les corps existans dans l'espace, soustraits à toute influence etrangère, aussi bien qu'à celle, qu'ils exercent les uns sur les autres, ne se trouvent pas arrivés au centre commun de leur gravité et ne restent pas enfin en repos. Impossible de ne pas remarquer, que pour arriver à une pareille solution de la question, Laplace au lieu de se diriger par les seules et immuables lois de l'attraction universelle, s'est laissé entraîner par la manie des systèmes, qui, était alors à l'ordre du jour. Car, Laplace ne prend, nulle part, pour base de ses immortels calculs, les principes de la gravitation universelle à distance, desquels principes émanent naturellement non seulement les lois, qui gouvernent le mouvement, mais même celles, auxquelles il faut attribuer la seule cause de tout changement possible dont est susceptible la matière, en ce qui ne constitue pas son être à l'état de repos. Car il suffit pour résoudre cette question la considération des suites qui émanent de l'ordre existant des choses, devant lequel tout doit s'écarter et auxquelles il n'est pas permis à la raison de contester.“

„La base de cet ordre de chose a pour point de départ des idées nouvelles, que nous devons à Montgolfier, quant au commencement de la transformation de la force et qui prouvent définitivement, que le mouvement ne peut être ni créé, ni détruit“.

„Or, la cause, à laquelle Laplace attribue le commencement et la formation du système planétaire est basée sur un terrain directement opposé à ces principes.

Ainsi, Laplace admèt, que dans un temps donné, qu'il ne précise pas, et à la suite de l'événement, qu'il ne cherche pas à expliquer ni la cause, ni la possibilité, la vitesse du mouvement rotatoire du soleil autour de son axe a acquis une accélération, par suite de laquelle la force centrifuge de l'atmosphère du soleil, devenant prépondérante sur la gravitation, a déterminé la formation des anneaux dans des régions voisines de son équateur — des anneaux, qui se refroidissant plus tard et se condensant, ont donné le commencement à tout un nouveau système planétaire."

„Il est facile de comprendre, de quelle manière, ne connaissant pas la base de la cause admise, il était possible de s'adonner aux pareilles abstractions et aux pareils systèmes dans l'intention d'en vérifier ensuite la certitude, lorsque les nouveaux faits permettraient ou de prouver leur nullité ou leur vérité. Mais il est difficile de concevoir aujourd'hui, qu'il puisse exister encore un instant de doute sur ce point. Ce dont on peut se convaincre en considérant, que l'adoption dans la science d'un fait irrécusable, auquel tout est soumis, aussi bien dans les choses infiniment grandes, que dans les choses infiniment petites dans la nature, et qui est: que deux corps, qui se trouvent en présence l'un de l'autre, se rapprochent l'un de l'autre dans le rapport direct des masses et respectif des distances, suffit pour expliquer tous les phénomènes du mouvement et de la vie embrassés dans l'immensité de l'espace."

Laplace, comme vous voyez par là, cher Ami, n'a expliqué ni le commencement des choses, car il n'a pas expliqué la nature intime de *l'atome*, ni la création du monde dans le sens rigoureux du mot, puisqu'il n'a même pas donné de satisfaisante explication sur la base de la loi générale de la nature, sur l'origine et la formation du système planétaire. Et que dire maintenant de la création des êtres organiques...? Ce n'est donc pas ainsi, comme l'enseigne Laplace, que la création du monde a eu lieu. Buffon, Descartes et les anciens nous ont laissé aussi leur systèmes [1]), mais tout ce que ces grands penseurs ont dit sur la création du monde n'envisage pas la question dans le sens rigoureux du mot *créér*.

Il résulte de tout mon travail „Philosophie de la Nature" comme conséquence de l'adoption d'une loi générale pour toute la création et qui est la loi de l'attraction répulsive ou des rapports de ces deux proprietés dans la force élémentaire, aussi bien à distance, que dans les mondes infiniment petits, aussi bien dans l'immensité de l'espace, que dans la cornue du chimiste, que la Cause Première ou que l'Esprit Créateur, ou que la Force Spirituelle, en un mot, s'est exprimée, comme j'e l'ai dit, dans *l'atome*—parcelle indivisible de la force physique, en faisant ainsi l'unité élémentaire type du monde physique, et que par l'union ou les combinaisons de ces atomes entre eux, elle a formé l'atome pondérable ou le premier noyau de la matière, dans lequel cachée (la force créatrice-spirituelle) quoique active, elle préside comme loi de la nature à l'accomplissement de ses plans éternels. C'est dans cette voie que les atomes élémentaires obeissant aux lois qui leur sont naturelles, se trouvant dans des conditions favorables à leur métamorphose et aux combi-

---

[1]) Voyez ma „Philosophie de la Nature" où tous ces systèmes sont analysés.

naisons heureuses et particulères, se sont constitués en corps de cellule organique ou en élément organique du règne végétal et animal. Ainsi les atomes se sont constitués en corps, qui remplisent l'univers. Par ce moyen et dans la succession des milliers des milliers des siècles la matière simple s'est métamorphosée en matière organique végétale, les végétaux sont devenus animaux, ces derniers sont devenus de plus en plus parfaits animaux, enfin, il y avait des conditions dans lesquelles pendant la succesion des milliers des siècles l'animal le plus haut placé dans l'echelle de son règne le singe, est devenu homme. Autrement dit, Dieu s'est exprimé dans la force et par celle-ci dans la matière et comme loi de la nature dans la succession des siècles, toujours présent et actif en elle, quoique caché, il l'a développée depuis l'atome jusqu'à l'homme. Ou enfin, Dieu, en dotant la matière créé par Son incarnation en elle du pouvoir de métamorphose ou du pouvoir de développement progressif; en dotant la nature dans le commencement des conditions favorables à cette métamorphose; en déposant ces conditions pour l'éternité dans le sein de la mère de chaque espèce organique, pour servir, entre autres, à l'homme à deviner plus facilement son origine ou la voie qu'il avait, lui aussi, parcourue dans l'origine de la création; en déposant dans chaque couple élémentaire de la création la force de la conception, avec le pouvoir de transmettre cette force aux générations futures — l'Etre suprême, dis-je, a aussi bien créé le germe élémentaire de la matière simple, que le noyau élémentaire organique, comme tout le règne végétal, comme le règne animal, comme l'homme et toute la création. L'origine de toute la nature et comme de raison celle de l'homme, quant à l'esprit qui remplit tout, est en Dieu et quant à la nature physique est dans l'atome ou élément vivant (par le Dieu) de toute la création.

Dieu est la Sagesse exprimée dans la nature.
La nature est la Sagesse palpable pour nos sens.

Vous voyez donc, cher Ami, que quoique la création comme de l'origine divine, étant depuis l'étermité en Dieu et n'ayant pas de commencement comme lui, pouvait pourtant avoir son commencement, comme elle aura sa fin.

Quant à la question, si nous apportons en naissant quelques *idées innées*, voyons d'abord ce que les anciens penseurs, ainsi que ceux des philosophes, qui vivaient plus près de notre époque ont pensé à ce sujet.

Platon, le plus profond penseur de l'antiquité, poète et philosophe prétend, „que l'*âme* renferme en elle *primitivement* les éléments de quelques idées, que les objets du monde extérieur réveillent dans de certaines conditions en nous,“ Platon comme Vous voyez par là, accorde à l'âme la vie antérieure, les idées innées et la vie future de ces idées ou l'immortalité de l'âme; seulement, il n'appuie pas sa théorie sur les faits positifs de l'observation.

St. Paul dit dans sa lettre aux Romains, „que la loi de Dieu est inscrite dans les coeurs“ — mais il ne s'explique pas d'avantage.

Aristote prétend, que l'*âme* en venant au monde est tout à fait *vide*, comme les *tablettes* sur lesquelles on n'a encore rien écrit (tabula rasa) et que toutes les idées lui viennent du monde extérieur. Il est surprenant, que le génie observateur d'Aristote n'ait su pénétrer plus à fond dans cette question.

Scaliger admet les idées innées et les appele „*semina aeternitatis*". C'est beau, mais ce n'est fondé, que sur l'instinct de la verité et sur l'inspiration, de même comme chez St. Paul.

Malebranche à transformé la théorie des idées innées de Platon en système, dans lequel il accorde à l'âme dans cette vie le pouvoir d'admirer la verité en Dieu.

Descartes était pour les idées innées lorsqu'il dit: „Dieu les a gravées en moi, comme un cachet sur son oeuvre". Pressé par Hobbes, pour expliquer sa pensée il répond; „Il ne s'en suit pas, que les idées innées soyent toujours en nous; je dis seulement, que nous pouvons les tirer de nous" [1]). Descartes comme nous le voyons, ne donne pas d'explication plus précise et plus profonde que Platon sur cette matière.

Lock, le plus illustre parmi les antagonistes de Descartes soutient comme Aristote, que notre âme n'apporte aucune idée innée au moment de notre naissance. Ce qu'il appuie par des arguments, que Leibnitz a repoussé victorieusement.

Leibnitz, un des plus grands génies modernes prétend, qu'il y a des idées, que créent en nous les objets, qui nous entourent au moyen de nos sens —car sans l'organe de la vue, dit-il, nous n'aurions pas d'idée sur les

---

[1]) Descartes. Reponses aux objections de Hobbes, contre les méditations.

couleurs, sur la forme des objets, de même que sur l'étendu; un sourd n'a pas d'idée du son, ni des tons etc. etc. La raison ne crée pas par conséquent ces idées et elle ne les tire pas d'elle même; elle faisait donc une table rase (*tabula rasa*) sous le rapport des idées, que la nature environnante y a inscrites au fur et à mesure de notre dévéloppement et de notre maturité.

Il serait donc vrai, dit Leibnitz, que l'âme n'a pas des idées innées, si nous n'avions pas en nous celles de l'*infini* et du *vrai*, par exemple, que la raison ne peut puiser qu'en elle-même et avec la lumière desquelles elle peut seulement arriver au moyen des sens aux idées acquises.

Ainsi, les objets d'après Leibnitz nous fournissent sans contredit des idées acquises; ces dernières éveillent, sans aucun doute les idées innées; mais il est non moins vrai, que lorsque l'idée de l'infini s'est éveillée pour la prémière fois en nous, nous savons de suite, que nous l'avions déjà en nous. Ainsi, la raison a des idées innées, bien différentes de celles, qu'elle reçoit des objets au moyen des sens et lesquelles (les idées innées) constituent son être. Cela ne signifie pourtant pas, ajoute Leibnitz, que nous apportions ces idées avec nous en venant au monde, cela signifie seulement, que lorsque nous les sentons pour la première fois en nous, elles se sont tirées en nous d'elles-même.

Quant à nous, cher Ami, nous basant sur notre théorie, que nous avons formulée dans le commencement de cette lettre 1⁰, que Dieu, Force Spirituelle Créatrice (Spiritus Creator) est exprimé dans *l'atome* (élément de notre âme comme de notre corps), aussi bien que dans la nature entière; qu'il est caché dans la matière brute, alors et dans le point de la matière cristallisée, qui fait le germe de l'homme, et qu'il est visible dans l'intelligence—dans l'homme, et puis, de nouveau caché, quoique toujours vivant et actif dans son cerveau mort, aussi bien que dans les atomes, dont sa substance est composée; que Dieu en un mot, est le moteur actif, aussi bien de l'intelligence de l'homme, que de l'atome; j'en tire la conclusion, que nous apportons avec nous, en venant au monde les germes des idées innées (*semina aeternitatis*) dans nos atomes, (dans les atomes de notre âme et de notre corps—ce qui dans le principe— dans l'atome, est même chose), dans ces *unités* élémentaires communes à toute la création et qui ne sont autre chose, que les germes des idées—de notre âme, développés dans notre âme bien entendu; car nous savons, que notre âme se développe avec le développement de notre corps, de notre organisme. Qu'il y a donc des idées inées, que nous apportons avec nous en venant au monde, dans nos atomes, que nous tirons de nous-mêmes et qui constituent notre être spirituel; et que la nature, comme expression de la sagesse dans l'infinité des formes, réveille en nous aussi une fois directement certaines idées, comme expression des objets, au moyen de nos sens, en produisant sur notre cerveau une impression particulière, propre à tel, ou tel objet; une autre fois elle les réveille en nous, en coopérant à notre développement organique et intellectuel, et qu'elle n'est pas, comme vous le voyez par là, sans influence sur les développement de nos idées innées.

Ainsi, ma théorie, comme Vous voyez, est d'accord sur plusieurs points avec celle de Platon, de Descartes et de Leibnitz, et si elle n'est pas appelée à résoudre définitivement cette délicate question, en quoi je Vous laisse juge, du moins, Vous voyez, que c'est pour la première fois, qu'elle est appuyée sur le terrain des faits et de l'observation.

Adieu.

Varsovie le 4 Fevrier 1877.

IIème Lettre.

CHER AMI!

J'ai reçu Votre réponse à ma lettre avec d'autant plus de plaisir, que Vous m'y faites des observations, auxquelles je suis heureux de pouvoir répondre.

Vous me demandez d'abord, pourquoi j'admets dans ma théorie, l'état impondérant de la matière, que la science repousse? et ne trouvez pas clair, que les atomes de la matière, puissent se composer d'atomes impondérants ou d'atomes de la force physique; car, Vous ajoutez, contrairement à ma conviction, que ma théorie sur ce point, rend tout le reste obscur. Je réponds et je dis.

L'élément de la nature, veut dire pour moi, *unité* ou principe unique, indivisible pour toute la création. La nature ne peut avoir deux éléments; car ni l'un, ni l'autre ne seraient pas élément. Il doit donc y avoir un élément ou principe élémentaire *unique*, pour toute la création. Et comme dans la nature existe la matière, la force physique, force organique ou force de la vie et force de l'intelligence—notre âme, dont la raison supérieure est Dieu même (Fénélon), il ne peut exister des éléments de la matière, de la force physique, de la force de la vie et de l'âme ou de la force de l'intelligence, seulement, il doit exister un élément-type, qui est une fois atome ou parcelle indivisible de la force physique et une autre fois de la force de la vie—de l'âme. Et puisque notre âme comme degré culminant de la force de la vie n'est pas matière, car elle n'a pas les propriétés de la matière pondérante et tengible, n'est pas *corps*, mais force, mais âme, mais force spirituelle, quoique du monde physique (car je ne parle pas ici de l'âme dans le sens absolu), savoir: puisque l'âme n'est pas une parcelle de l'espace comme la matière, et constitue pourtant un être, une existence, et a son être dans la nature, elle doit donc aussi avoir son élément et être une matière non pondérante, mais impondérante et doit comme force, se composer d'éléments ou d'unités impondérables ou d'unités de la force. Et puisque la force physique peut se métamorphoser, comme je l'ai démontré dans ma „Philosophie de la Nature" en force de la vie et devenir force de l'intelligence—âme, et est dans le principe, dans l'atome, notre âme, donc la force physique est matière impondérante et se compose d'atomes non de la matière, mais d'atomes de la force ou d'atomes ou d'unités de la matière impondérante. Il en résulte, que la matière impondérable ou l'état de la matière, qui est impondérable existe dans la nature —et que la force doit avoir et a, comme être, comme entité, son élément, qui est pour moi l'atome; que par conséquent l'atome de la force est une fois atome de la matière, une autre fois il est parcelle indivisible du feu (car c'est son mouvement ou l'action qui s'en suit, qui donne le phénomène du feu); une fois passé par le feu où il ne périt pas, parcequ'il est l'élément du feu, et introduit dans la matière de l'organisme du vieillard, il devient parcelle de la matière vivante de son organisme (donc il ne peut pas être brut, ni mort), introduit dans la matière de l'organisme d'un enfant, ou d'une plante, il devient particule indivisible de la matière vivante et jeune de l'enfant ou de la plante; puis le vieillard peut donner le jour à un enfant, lequel à son tour mûrit et vieillit, et avec lui mûrit, vieillit sa force de la vie — son intelligence; ensuite la force physique, comme je l'ai démontré dans mon livre peut devenir force de l'intelligence, car elle est intelligence dans le principe. Il en résulte, que la force physique se compose d'atomes, qui étant les germes des atomes de l'âme ou qui par leur combinaisons [1] et leur métamorphose devenant atomes de l'âme, doivent être impondérables. Il en résulte encore, que l'atome est infiniment plastique, puisqu'il peut être l'élément de la matière dans tous ses états, et de la matière brute, aussi bien que de la matière organique végétale et animale et une autre fois de la force, dans tous ses degrés, jusqu'à la force de l'intelligence ou de l'âme et comme tel il est *vivant*. Et comme il ne se compose pas de particules, il est le seul impérissable dans la nature. Etant donc ce qui ne périt jamais dans la nature, il est *éternel*; car, il ne perit dans la nature, que ce qui est composé de parties.

Finalement, puisque la matière impondérable existe et que la matière possède les propriétés de la for-

---

[1] Vous savez, qu'un atome de la matière organique est composé quelquefois de 900 atomes matériels simples et plus. Et combien ne faut-il pas d'atomes élémentaires impondérables ou *d'unités*, pour faire un atome de la pensée — de l'idée?

ce ([1]) et puisque toutes les forces physiques peuvent être obtenues de la matière— durant lequel procédé la matière périt ([2]); puisque la force fait l'être de la matière, à tel point, que sans la force ou sans ses atomes il n'y aurait pas de matière, donc la matière n'est qu' un certain état de la force dans le monde des sens, n'est qu' un phénomène des combinaisons ou de l'union des éléments de la force. La matière est donc composée non pas de parcelles de la matière, mais de la force; et l'atome, n'est pas atome matériel de la matière, mais atome non matériel ou impondérable de la force et par la force et de la matière.

L'atome enfin même envisagé physiquement ou comme parcelle indivisible de la matière pondérante, n'est pas par ce seul fait du domaine de la matière, mais du monde de l'idée et entre dans le domaine de la force;—il est, si je puis m' exprimer ainsi le lien du monde matériel avec le monde spirituel.

Je vous ai donné d'ailleurs dans ma précedente lettre, ma théorie de la métamorphose de la force en matière et de la matière en force et Vous me pardonnerez, si j'y persiste, car elle est la seule à mon avis, qui tranche cette délicate question d'une manière claire et satisfaisante.

---

[1]) La matière comme telle, n'a ni les propriétés lumineuses, ni caloriques. Je vous ai expliqué dans ma précédente lettre, que ces propriétés viennent des oscillations des atomes unis dans le système de son corps. Elles son donc le phénomène de l'action de la force dans la matière dont est tissée cette dernière.

([2]) La bougie comme un morceau de bois perit comme tels, si nous les brûlons. Ce qui ne veut pas dire, que la matière périsse — car elle est impérissable dans ses *unités*, dans les atomes de la force, dont elle est composée.

Quant à la force donc, nous regardons cette dernière comme essentielle dans tout et toujours, quoique douée du pouvoir de se changer en matière et de se transformer elle-même; nous la regardons comme une vraie et unique existence. D'où la matière, pour nous, est périssable, n'est qu'un phénomène, qu'un état passager de la force, qui est eternelle et la nature n'est qu'un certain état de Dieu. D'où, une vraie existence, un vrai être est la force — est l'âme — est l'esprit — est Dieu, comme source de toute force, comme cause d'existence, comme essence de la nature, comme âme de la création.

Il en résulte encore, quant à l'immortalité de l'âme, que notre âme comme culminant degré de la force de la vie, comme composée d'atomes nonpérissables (d'unités de la force), perit pour nos sens seulement dans le monde physique avec la mort de notre corps; mais qu'elle a son immortalité dans ses atomes et en dernier lieu en Dieu, qui est leur esprit et leur âme — qui est leur moteur invisible.

Vous me demandez cher Ami, non sans une certaine raison: qu'est-ce que *l'esprit?* qu'est-ce que *l'âme?* qu'est-ce que *l'individualité?* qu'est-ce qu'une *mauvaise action* commise avec la connaissance du mal? qu'est-ce que le *libre-arbitre?* où est le monde spirituel—séjour de l'âme après la mort du corps? car, ce que je Vous ai exprimé dans ma lettre à ce propos, semble ne pas Vous satisfaire.

Or, quoique la question de l'esprit et celle de l'âme se trouvent à mon avis, suffisamment élucidées dans ma „Philosophie de la Nature" je Vous dirai, que *l'esprit*, pour moi, n'est autre chose, que l'essence spirituelle de l'âme, qu'il est l'âme de l'âme ou Dieu qui réside en nous. Quant à l'âme, comme point culminant de la force physique, elle est matière impondérable pensante ou force physique élevée au degré de la vie, de la raison. Elle constitue donc l'éther de la substance grise du cerveau, pris au moment où celui-ci s'élève au degré de l'intelligence et se connaît. Et puisque l'organisme du cerveau n'est pas le même, n'est pas fait de la même matière et que cette matière n'est pas de la même qualité et de la même subtilité, ni de la même perfection organique chez tous les individus, l'éther par conséquent du cerveau ou *l'effet direct de la mutation* de la matière de sa substance grise ou ce en quoi la matière de cette substance grise se transforme (atomes ou unités libres de cette substance) pendant sa mutation ou sa vie, prise au moment de briller d'intelligence, ou l'âme en un mot, n'est pas la même chez tous les individus. ([1]).

D'où il résulte, qu'autant qu'il y a d'individus, il y a autant d'espèces d'âmes, autant il y a *d'individualités*, autant il y a de différentes intelligences ([2])

([1]) Le feu est *l'effet direct* de la combustion du bois ou de la mutation de sa matière en suie et autres produits—c'est le phénomène, comme nous le savons, de ses atomes en mouvement — Même chose avec la matière de la substance grise du cerveau pendant sa mutation — seulement, ici l'effet direct est le phénomène de la vie et là, de la force simple — le feu.

([2]) Comme une preuve de plus, que l'âme, telle qu'elle est ici bas en nous, jusqu'à un certain point est un être physique (je ne parle pas da l'âme prise dans le sens obstrait ou spirituel), je rappelerai: qu'elle a son commencement ou sa naissance dans le monde physique ou dans la nature, qu'elle s'y développe, mûrit et disparaît de même comme naît, se développe et mûrit le corps; que lorsque le corps est malade et a la fièvre, que l'âme delire aussi; qu' avec la mort du corps elle disparaît dans le monde des

Vous avez trouvé aussi, cher Ami, la réponce à d'autres questions dans mon ouvrage. Si toutefois Vous prenez en consideration les faits rapportés et prouvés dans mon livre: 1⁰, que nous ne sommes pas un instant les mêmes comme matière, car notre être change continuellement, car, la matière nouvelle du monde extérieur entre à tout instant en nous et élimine la matière qui nous constitue — *mutation* de la matière, qui n'est pas sans influence sur notre individualité physique et comme de raison, sur notre intelligence, sur notre âme individuelle; que par conséquent, notre individualité n'est qu'une individualité collective, dont chaque moment d'être ou un individu à part, doit répondre pour ses propres actions [1]); si nous prenons en considération: 2⁰, l'influence des innombrables agents, qui pendant des siècles ont élaboré dans les diverses sociétés tels principes par exemple, ont fini par leur imposer telle idée sur le mal, comme sur le bien et qui ne pouvaient rester sans influence sur les convictions et sur les actes des individus (la haine, par exemple, est une vertu chez les musulmans, tandis, qu'elle constitue un péché dans notre religion); si nous considérons 3⁰, que tout ce que nous regardons comme vérité n'est pas toujours vérité: que toute société humaine, que chaque pays peut vivre et agir sous l'influence de l'idée sur le mal à peine approchant de la vérité; si ensuite 4⁰, il est dit,

---

sens; qu'elle est donc soumise comme le corps et comme les forces physiques aux lois de la nature, auxquelles Dieu ou l'Esprit pur comme constituant ces lois est le seul exempt.

1) Le législateur a instinctivement deviné cette vérité, lorsqu'il a institué la *préclusion* même pour les *crimes*—Et notre religion est allée plus loin, car elle pardonne au pécheur, qui promet de ne pas retourner à ses fautes.

non sans raison: „Vous répondrez à la dixième génération pour vos péchés et pour les péchés de vos pères“, car, nous trouvons dans certaines maladies et sur certains individus cette vérité confirmée—ce qui ne peut pas être sans quelque fondement, en prenant même la question par son côté moral; si 5°, le *libre arbitre* dépendant de l'influence des agents dont je viens de faire mention, est aussi l'oeuvre de nos habitudes seulement, car nous avons le plus souvent tiré du sein de nos mères des fausses idées sur le mal, comme sur le bien et, enchainés ensuite par leur influence, nous agissons en aveugles ou plutôt, nous agissons avec une idée sur le bien, et sur le mal à peine approchant de la vérité etc. etc.; si nous considérons tout cela, nous devons tomber d'accord; qu'il est difficile de séparer ce qui, dans nos actions, constitue notre péché individuel, ce qu'est l'individualité, pour quelle dose de mal répondra la société et les siècles et pour quelle dose répondra l'individu à l'heure de sa mort.

Il en résulte, que ce que nous appelons une mauvaise action, peut ne pas l'être aux yeux de la Vérité Suprême ou n'être, qu'une millionième partie du péché individuel, le reste retombant sur les agents inconnus à nous et qui ont travaillé depuis des siècles à son accomplissement.

Nous ne serons pas punis par conséquent, pour la dose de nos péchés, comme on ne cesse de nous le prêcher depuis notre enfance, mais pour une dose seulement, comme Dieu le jugera juste dans sa sagesse suprême.

Ainsi, Dieu seul, qui a créé les Kopernik, les Kepler, les Newton, les Cauchy et les Arago, qui a créé le calcul différentiel, qui doit séparer les bons des méchants, saura séparer ce qui dans chaque péché appartient aux siècles, ce qui appartient à l'influence de la société au milieu de laquelle nous avons vécu, ce qui appartient aux individus à chaque instant donné et ce qui revient à l'individu dans le sens rigoureux du mot, depuis sa naissance jusqu'à sa tombe. Et puisque notre âme, après la mort du corps, va devenir force cosmique, pour nos sens, et Dieu même dans le monde spirituel, elle connaîtra donc alors ses fautes du passé ou plutôt elle connaîtra mieux qu'aujourd'hui le bien et le mal—aussi va-t-elle souffrir pour les fautes, qu'elle a commises durant son séjour sur la terre.

Dans tous les cas, il y aura dans l'autre monde ou dans le monde spirituel une récompense pour le bien et une punition morale pour le mal fait dans ce bas-monde.

Quant à la question: où est le monde spirituel—séjour de l'âme après la mort du corps? Il résulte des lois formulées dans notre travail, ainsi que de ce que je Vous ai déja écrit, que le monde spirituel est dans toute la nature, sans être emprisonné en elle; qu'il fait son essence spirituelle invisible pour nos sens; qu'il constitue ses lois, sa vie—le Dieu qui vit en elle.

Aprésent une autre question. Vous soutenez, cher Ami, que ma théorie est trops subtile, pour devenir populaire et trops poétique pour qu'elle puisse jamais être adoptée par les sciences exactes.

Quant au premier, Vous avez raison. Mais est-ce que le système de Kopernik est aussi populaire comme il semblerait de prime-abord? Tout le monde ne sait de son système, que ce n'est pas le soleil qui tourne autour de la terre, mais, que c'est la terre qui tourne autour de lui. Et c'est tout; et voici la fin de la popularité de sa théorie. Mais quant à ses immortels calculs sur le terrain de la trigonométrie sphérique, c'est à peine, si quelques peuseurs d'élite les connaissent à fond. On peut en dire de même sur les travaux de Newton, de Leibnitz, de Kepler, de Laplace, de Cardan, de Descartes et d'autres. Je n'ai d'ailleurs jamais couru dans mes travaux philosophiques après la popularité, mais j'ai toujours recherché en tout et partout la vérité.

Quant à Votre objection, que ma théorie n'est pas, à Votre avis, scientifique, Vous conviendrez d'abord avec moi, que c'est une chose bien différente que l'état actuel de la science et la science dans le vrai sens du mot. Ainsi, la science n'a ni bornes, ni limites et s'il n'y avait pas de pionniers dans la science ou des hommes d'initiative, si personne n'osait pas dépasser les limites des connaisances acquises, il n'y aurait pas de progré, tandis que l'état actuel de la science est limité dans son savoir. Il ne s'en suit donc pas, que ce qui devance la science fut toujours mauvais et ne puisse pas devenir vérité scientifique. Exemple sur Newten, qui a remarqué, il y a deux siècles, que tous les êtres organiques ne sont au fond que même chose, qu'ils ne différent entre eux, que par leur forme et par le degré de développement organique. Ce qui n'était donc que nuée il y a deux siècles, ce qui ne s'accordait pas avec l'état de la science d'alors, ce qui devancait la science est devenu ajourd'hui, avec ses progrès un fait scientifique. Quoique aujourd'hui encore, malgré les travaux de Lamarck, de Geoffroy Saint-Hilaire, de Darvin et d'autres [1]) cette théorie ne soit pas

---

[1]) Basé sur les travaux de Lamarck et de G. S.-Hilaire j'ai

regardée comme du domaine de la science exacte. Vous savez, que les idées de Newton sont restées pendant un siècle inconnues en France et que c'est Fontenelle, qui les á introduites dans la science. Et la cause de cet oubli ou de ce malentendu durant un siècle dépendait d'une futilité: c'est que la science voyant Newton parler des forces *occultes* et ne pouvant pas se rendre compte des forces cachées dans les notions exactes, ne voulait pas entendre parler des travaux de ce savant. Même sort a frappé la découverte des paratonnerres de Franklin etc.

Je n'accuse pas la science pour sa haute prudence en présence des nouvelles idées, je dis seulement, que cela retarde ses progrès et entrave quelquefois la marche de la vérité. Tyndall ensuite enseigne, que l'atome est vivant, chose, que j'ai dit six ans avant lui [1]), quoique on ne puisse pas prouver cela sur le terrain de la physique, ni de la chimie, seulement sur le terrain de la méthaphysique, appuyée sur des analogies entre les faits approuvés par la science et du domaine de la nature, comme justement je l'ai fait dans cette circonstance, et pourtant personne ne conteste la science à Tyndall et du cachet de la science à ses travaux. Il est vrai, que Tyndall sur ce point, de même comme toute ma philosophie de la nature, ne s'accorde pas avec l'état actuel de la science positive, qu'elle le devance, mais mon travail, tout basé sur l'observation des faits, devrait-il pour cela seule-

---

donné aussi ma théorie du développement des êtres organiques depuis l'atome jusqu'à l'homme dans ma „Philosophie de la Nature".

1) Voir la 1-re édition polonaise de ma „Philosophie de la Nature" parue à Varsovie en 1869.

ment, qu'il devance les notions de l'état actuel de la science en cette matière ne pas être du domaine de la science et ne pas espérer d'être approuvé même par les sciences exactes? Vous dites, cher Ami, que ma théorie de la force et de la matière n'est pas scientifique, que la science n'admet pas l'état impondérant de la matière, que la force physique n'est pas composée de particules, car, on ne peut pas, ajoutez Vous, diviser le mouvement. Mais, cher Ami, le mouvement n'est pas la force, seulement d'après Secchi et Tyndall il est la cause des phénomènes de la force et même, pour moi, il n'est, que la conséquence de la force en action, que le phénomène de la force au moment de son action—comme la lumière et la chaleur. Nous apercevons le mouvement lent de la matière—quand il sera plus accéléré et aura lieu entre les atomes de la force physique, il y aura lumière et chaleur, etc. et la science qui, comme telle, devrait savoir s'expliquer sur tout ce qu'elle a adopté et ce qu'elle enseigne, ne s'explique pas sur la cause et sur la nature intime du *mouvement* et renvoie à la méthaphysique. S'il s'agissait pourtant absolument de prouver, que même le mouvement est divisible, je répondrais, que le mouvement est divisible; car je puis le ralentir et même l'arrêter à volonté à toutes les secondes, à toutes les minutes, car je puis l'accélérer etc. etc.

Vous dites, cher Ami, que la science n'admet pas l'état impondérable de la matière, lorsque Secchi, un des plus grands physiciens modernes admet cet état de la matière et ajoute clairement, qu'il importe peu à la physique, si les atomes de la matière sont pesants, ou impondérants [1]). Vous avez raison, lorsque Vous soutenez, qu'ont peut expliquer beaucoup de phénomènes physiques dans l'hypothèse de l'atome matériel en mouvement et Secchi lui-même ne le conteste pas; mais, Vous conviendrez, que la science n'a pas expliqué et n'expliquera jamais avec sa théorie le *rapport* par exemple, de la *force* à *la matière* et de quelle manière la force vit au milieu de la matière et la gouverne, ou comment l'âme est unie au corps—si ce n'est, qu'en admettant comme le faisait Lactance (critique de Leucyppe), que la force est liée à la matière et que l'âme est unie au corps au moyen des crochets. Vous convenez d'ailleurs Vous-même, que la science est muette sur la cause du mouvement, qu'elle ne sait pas ce que c'est que la force et quelle est la nature intime de la matière; que nous ne savons pas, malgré tous les progrès de la science d'où nous sommes venu, ce que nous sommes et où nous allons. Or, c'est moi, qui accuserai à mon tour la science, car elle adopte et propage des idées, qu'elle ne sait pas expliquer; car elle admet avec Platon, que la force vit dans la matière et la gouverne, mais elle n'explique pas comment. Il y a, qui soutiennent, que la terre jusqu'a son centre est solide; d'autres prétendent, qu'elle est liquide vers le centre, quoique la science ne range pas les premiers parmi les ignorants, et les autres parmi les savants; mais elle range les premiers, comme les derniers parmi les savants. Est-ce que mon travail ne serait pas du domaine de la science, parcequ'il dévance la science, que ce qui ne peut pas être expliqué dans l'état actuel de la science,

---

[1]) Unité des forces physiques. Secchi, 2-e édition, Paris 1874.

je l'explique sur le terrain de la métaphysique? Vous appelez mon travail „*métaphysique positive*“ et Vous rendez de cette manière justice à mon travail; car c'est de la *métaphysique rationelle;* mais Vous lui refuser le cachet de la science. Alors, l'étude des faits et le raisonnement sur l'objet n'est pas de la science pour Vous? Est-ce que la métaphysique rationnelle ou positive comme Vous l'appelez, ne serait pas *science* pour Vous?

Vous prétendez, que je ne regarde pas la lumière, et la chaleur comme phénomènes de la force, mais comme force même, Bien le contraire, et cette objection m'étonne de Votre part, qui avez lu mon livre, où j'avais bien soin d'expliquer, que la force ne brûle pas et n'a pas de lumière, qu'elle est invisible, que la chaleur et la lumière sont des phénoménes, comme veut la science du mouvement des atomes matériels et selon moi des atomes de la force physique dont les atomes matériels ou la matière est tissée. Si j'emploie toutefois les termes *lumière*, ou *chaleur* dans le sens du terme force, c'est tout simplement comme synonymes. Vous m'accusez ensuite, cher Ami, d'après la théoric, que je Vous ai exposé dans ma lettre, de vouloir emprisonner Dieu dans la nature. Mais, de grâce, Ami! J'ai dit, et je le répète, et mon livre, comme la lettre que je Vous ai adressée en font foi, que l'étude de la raison par la raison, ainsi que l'étude des lois de la nature, nous donne l'idée de Dieu en tant, qu'il est visible en nous et qu'il trahit son active présence, caché dans la nature. J'ai d'ailleurs dit dans ma „Philosophie de la Nature“ *que Dieu est infini dans la matière finie, qu'il est indivisible dans la matière divisible, que se trouvant tout entier dans la moindre parcelle de poussière, dans l'atome, il remplit l'espace sans en être embrassé,* mais je ne Vous ai pas dit, que Dieu est emprisonné ou immobilisé dans la nature. Je ne Vous ai non plus jamais écrit, qu'en parlant de Dieu dans la nature, j'avais en vue le Dieu absolu.

Vous dites, Ami, que l'esprit de Salomon, d'Averroës et des Suffistes Indiens, qui aussi tiraient l'origine de la nature de Dieu, se réjouirait en lisant ma théorie. Eh bien! alors ce même esprit devrait se réjouir en lisant la doctrine de Geoffroy Saint-Hilaire, de Lamarck et de Darwin, qui ont prouvé et surtout le premier le scalpel à la main, que les animaux vertébrés sont le développement les plus parfait des moins développés.

L'esprit donc de Salomon devrait se réjouir en voyant le fait reconnu par la science, que la chenille se métamorphose en papillon, ou le têtard en grenouille, ce même esprit devrait se réjouir en lisant les travaux de Lamarck, qui enseignait dans sa „Philosophie Zoologique, que tous les êtres ne sont que le développement des monades, ou les travaux de Darwin, qui a démontré, que l'homme n'est autre chose que le singe métamorphosé [1]) et pourtant la science a reconnu les services de ces éminents savants et considère leurs travaux comme du domaine de la science. Leibnitz, le grand Leibnitz, qui a organisé l'Université de St.-Petersbourg, qui a découvert le calcul différentiel en même temps que Newton, qui présidait l'académie des Sciences

---

1) J'ai publié en même temps que Darwin un travail original en langue polonaise et française, qui m'a coûté vingt ans de méditations et d'etudes et qui fait partie de ma „Philosophie de la Nature“, dans lequel en traitant des métamorphoses des êtres organisés depuis l'atome jusqu'à l'homme, je suis arrivé à la même conclusion que Darwin, savoir: que l'homme vient du singe.

de Berlin, Leibnitz était, dis-je, un grand savant et pourtant, personne n'ose contester la science à ses moindres écrits, quoiqu'il expose dans sa „*monadologie*" par exemple, des choses, qu'on ne peut pas physiquement prouver et qui sont du domaine de la métaphysique. Leibnitz a même écrit dans cette monadologie que „puisque la chenille se change en papillon, que de même la force cachée dans les atomes les métamorphose en atomes de plus en plus parfaits; que l'atome, *unité indivisible* à une *forme* et „puisque dit-il", il n'y a pas deux êtres qui se ressemblent, donc autant il y a d'atomes, autant il y a des formes de ces atomes." Leibnitz, le grand mathématicien donne la forme à l'unité indivisible! Il a oublié, que *la forme* implique l'idée d'un objet composé, qu'on peut couper en morceaux etc. On a pardonné à ce grand homme cette grande erreur de logique et on n'a pas trouvé son petit traité sur l'atome moins scientifique pour cela, que ses grands travaux en mathématiques. Et Vous regarder ma théorie comme nonscientifique, parceque j'ai recours à la métaphysique chaque fois, qu'une question ne peut pas être physiquement résolue.

Vous reconnaissez, que mon travail malgré et contre tout donne un nouveau système de philosophie naturelle et qui n'est ni le *panthéisme* de Spinosa, ni le *dualisme* de Descartes, et Vous me rendez justice par cela, car effectivement, en écrivant ma philosphie de la nature, j'ai écrit un système original, qui n'a rien de commun avec les autres systèmes et qui pour la première fois montre Dieu et la nature, force et matière, verbe et idée, comme deux états du même être pour nos sens, et qu'il dépend de ma volonté de voir Dieu dans la nature, ou de voir la nature en Dieu; car la force créatrice se transforme continuellement en nature palpable et la nature retourne continuellement vers sa cause spirituelle.

Mais après m'avoir reconnu créateur d'un nouveau système de philosophie naturelle, Vous comparez ma théorie aux rêveries des Suffistes Indiens! Mais, Vous savez, cher Ami, que comme les théories atomistiques de Leucyppe et de Leibnitz diffèrent de ma théorie de l'atome et que ma théorie atomistique, comme Vous venez de le voir, n'a rien de commun avec les théories de ces penseurs, de même mon système, tout appuyé, comme Vous venez de le voir, sur les faits et sur l'observation des analogies naturelles, n'a rien de commun avec les philosophes Arabes et Indiens. Les Suffistes Indiens et es savants Arabes donnaient des formes fantastiques à leurs idées, tandis que moi, j'explique la nature déjà créée et je parle des êtres qui vivent réellement en elle. La poésie était la base de leurs idées, lorsque j'ai appuyé out mon travail sur l'observation des faits. Il existe une caste d'hommes, qui ne cessent de combattre les idées de Tyndall et de Darwin. J'ai lu les jérémiades d'un savant, qui en veut à Tyndall de s'écarter, à son avis, de la véritable science, de ne pas s'enfermer plus strictement dans le seuls faits et d'être trops hardi dans ses conclusions. Quant à moi, j'applaudis l'éminent penseur d'outre manche, qui se soucie peu des Omars modernes et qui marche en avant; car la vraie science, avide de la verité a confiance en elle-même, ne craint ni chaines, ni sermons, et en marchant en avant avec le pas lent mais sûr, finit par briser les entraves de l'aveugle routine et de l'a barbarie.

Vous finissez votre lettre, cher Ami, en m'anonçant, que suivant Votre manière de voir, nous n'apportons aucune idée avec nous en naissant. Moi, je soutiens, que nous en apportons les germes, et qu'au fur et à mesure de notre développement ces germes se développent en nous, sauf restriction! car il y a des êtres humains, qui meurent comme ils sont venus au monde. Je vais seulement ajouter, pour appuyer ma manière de voir, que la seule idée de la *percéption*, comme celle de la connaissance de notre *moi* est la preuve des idées innées, car, s nous ne venions pas au monde avec le germe de ces idées, nous serions tout simplement des *automates* — *un miroir*, qui reflète les objets sans les percévoir et nous n'aurions jamais l'idée de nous-mêmes, de l'existence de notre être spirituel en nous.

Quant à la question donc des idées innées, si Vous repoussez la base de mon raisonnement, Vous ne pouvez pas approuver mes conclusions, ce qui n'empêche pas, que si le grand Platon avait ses convictions et Lock les siennes dans cette matière, nous pouvons rester aussi chacun, avec nos idées à nous, sur cette delicate question, sans cesser pour cela d'être les meilleurs amis du monde.

Adieu.

Varsovie le 15 Fevrier 1877.

IIIème Lettre.

Cher Ami!

Nous n'avons pas entamé notre polémique dans un but stérile d'admiration mutuelle, mais dans l'intérêt de la vérité; quoique, je ne Vous cache pas, qu'avec toute la sévérité de Votre jugement, ce qui m'a le plus touché, c'est que, Vous vous êtes exprimé sur mon travail d'une manière plus flatteuse, qu'il ne le mérite. Vous me pardonnerez donc, si pour finir notre entretien, je m'empresse de réponde aux questions, qui résultent des observations de Votre réponse à ma dernière lettre et qui sont les suivantes: ce qu'on doit entendre par l'état actuel de la science? un travail qui admet l'état impondérable de la matière, est-il oui, ou non scientifique? l'âme est-elle composée d'atomes et que doit-on entendre par un atome de l'âme? Si la matière peut être spirituelle (expression, que Vous me prêtez à tort)? s'il y a réellement des contradictions dans mon travail, ou s'il n'y en a pas? en dernier lieu, quelle est la place de ma théorie et de mon système dans la science?

Quant à la première question, le principal cachet, à mon avis, de l'état actuel de la science, c'est, que la science d'aujourd'hui ne sait pas ce qu'est la *force*, qu'elle ne connaît pas son intime nature, comme je Vous l'ai dit dans ma dernière lettre, et pourtant elle enseigne à l'exemple de Platon, que la force vit au milieu de la matière et la gouverne, sans pouvoir expliquer ni comment, ni pourquoi — alors la science n'a pas fait un pas sur ce point depuis vingt siècles; qu'elle ignore de quelle manière l'âme est unie à notre corps, quoique elle reconnaisse leur dépendance réciproque et solidaire; qu'elle enseigne,, que l'âme est matérielle (je m'expliquerai un peu plus loin sur ce point), ce qui n'est pas d'accord avec la bonne logique, car la matière est matière et l'âme comme force et même force spirituelle, ne peut pas être matière pondérable et tengible—ne peut pas être corps étant âme. Puis, la matière est d'après la définition de la science, toute partie de l'espace, lorsque l'âme comme être, quoique soumise aux lois de la nature, n'occupe aucun espace dans la nature. L'âme alors d'après les notions de l'état actuel de la science est matière et d'après le même état actuel de la science n'est pas matière. Puis l'état actuel de la science exclut toute part directe et indirecte de la force créatrice dans les lois de la nature, en trouvant dans le *mouvement*—dans un *phénomène*, l'explication de presque tous les *phénomènes* de la nature. Lorsque de nouveau la science ne connaît ni la cause, ni la nature intime du mouvement et ne peut pas expliquer, comme je Vous l'ai d'ejà écrit, tous les phénomènes au moyen du mouvement. La matière n'a pas besoin d'être en mouvement pour être force, car elle est force par la raison bien simple, qu'elle est tissée d'atomes de la force, qu'elle n'est, qu'un certain état de la force dans le monde de sens. Il existe aujourd'hui des savants, qui ne voient en tout rien que la matière, il y en a, qui méprisant la matière voient tout par le prisme du spiritisme—oubliant, les uns, comme les autres, que l'homme n'est ni matière, ni esprit; que la nature n'est ni pure matière, ni pure force, mais un lien solidaire et intime de l'une et de l'autre; que par conséquent une bonne philosophie de la nature ne peut être ni purement matérielle, ni purement spirituelle, mais qu'elle doit être rationnelle ou positive, sans être exclusivement matérielle. La science en un mot, dans l'état actuel des choses, ne connaît que la matière et l'application du savoir à l'industrie; quant à la cause des phénomènes de la nature, elle l'a réduite au *mouvement* de la matière. Ce qui n'est pas matériel, ce qui n'est pas pratique, ce qu'on ne peut pas peser, ou toucher, n'est pas du domaine de la science; pour les autres, ce qui n'est pas du pur idéalisme, n'est pas philosophie. Voilà en deux mots, cher Ami, plus ou moins l'état actuel de la science.

Vous me soupçonnez dans Votre lettre, comme si ma théorie renfermait des contradictions et soutenez formellement, (en quoi Vous avez pleinement raison), qu'il est impossible, qu'un penseur, qui se sert des expressions comme celle: *de la matière spirituelle* par exemple, puisse savoir lui-même, ce qu'il voulait exprimer. Or, Claud Bernard, l'éminent physiologue français nous enseigne, comme Vous le savez, et en quoi il a parfaitement raison, qu'il y a une physique et une chimie [1]): ce qui veut dire, pour moi, que les lois, qui régissent la matière sont les

[1]) Rapport de Claude Bernard sur l'état actuel de la physiologie générale. Paris.

mêmes pour la matière brute, comme pour la matière organique, pour la force physique, comme pour la force de la vie, comme pour la force de l'intelligence—pour l'âme; que l'âme après la mort du corps retourne à la force cosmique. Ainsi d'après ce savant tous les ordres des forces appartiennent à la force cosmique; et même ajoute le physiologue français, que l'âme même de notre vivant, vit hors des limites de notre être matériel. Un autre savant prétend, que par l'étude de la mécanique des atomes nous arriverons à la connaissance de la cause première. Puis encore la science prêche, que le mouvement des atomes pondérants de la matière (qui sont des unités indivisibles pour elle), donne les phénomènes de la force, qu'il est force, que plus la pensée est vive, plus la mutation de la matière du cerveau se fait vite dans ses atomes matériels (ce qui est vrai et ce qui plaide en faveur de ma définition de la vie—seulement, pour moi, cette mutation de la matière du cerveau ne se fait pas dans ce cas entre les atomes pésants, matériels, mais entre les unités ou atomes de la force qui constituent la matière de la substance grise du cerveau). Il en résulte, que l'âme comme degré culminant de la force de la vie est composée d'atomes de la matière — qu'elle est donc matière—qu'il existe par conséquent une *matière spirituelle* dans l'état actuel de la science.

Et ce raisonnement, qui règne aujourd'hui dans la science est regardé comme scientifique, comme clair et ne renfermant pas de contradiction et l'atome matériel de la matière doit donner dans l'état actuel de la science une idée exacte de la nature intime de l'élément de toute la création. Et Vous regardez, cher Ami, mon raisonnement comme obscure, parceque j'admets (d'ailleurs

Secchi m'y autorise), que les atomes matériels dans lesquels depuis deux mille ans vit la force (Platon), sont composés d'atomes de la force ou de la matière impondérable et que les atomes matériels se décomposent en atomes élémentaires, en atomes de la force physique lors de la décomposition des corps ou de leurs combinaisons chimiques et que l'âme comme être, comme unité, est composée d'atomes non de la matière, mais de la force.

Il est reçu en mathématiques, de faire un problème que l'on résout ensuite. Je ne soutiens pas, car je ne peux pas le démontrer physiquement, que les atomes de la matière pésante se composent d'atomes impondérants ou d'atomes de la force physique; je suppose seulement, basé sur les faits rapportés dans ma première lettre et sur la logique, qu'il en est ainsi; car c'est seulement de cette manière, que je puis comprendre le rapport de la force à la matière et expliquer de quelle manière la force vit dans la matière et la gouverne et me rendre compte de tous les phénomènes les plus intimes et les plus mystérieux de la nature. Il est vrai, qu'il y a dans le feu des particules de la matière en mouvement, que l'analyse spectrale les devoile jusque dans la lumière solaire; mais il est non moins vrai, que ces parcelles ou atomes matériels en se combinant avec les autres peuvent se trouver dans un état instantanement inabordable aux investigations physiques ou dans l'état nonmatériel ou dans l'état des atomes *noncorporels* — état, qui n'est pas matière pondérante, mais impondérante et dont sont tissés les atomes corporels ou matériels. Et j'aurais raison et droit de faire cette supposition, car l'âme se compose des facultés, qu'on peut analyser séparément: comme *l'atention*, la *perception*, la *mémoire*, la *volonté* et la

4*

raison ou la *faculté d'abstraction* etc., et que ces facultés ont même dans le cerveau leurs organes propres, qui se concentrent dans la substance grise du cerveau et en dernier lieu dans un point de cette substance, qui ne dépasse pas une ligne (Flourens), quoique toutes ces facultés ne fassent qu'une âme *une*. J'aurais, dis-je, le droit de faire cette hypothèse, car, même la pensée est divisible: car elle a son commencement, son cours, que je puis arrêter et sa fin; qu'il y a même des signes, comme la *virgule*, le *point et virgule*, le *point* etc., qui servent à marquer la suspension du cours de l'idée ou sa terminaison; que par conséquent, quoique l'âme comme être, soit une *unité* indivisible, elle est pourtant divisible, comme embrassant *une multitude dans son unité*, et comme force spirituelle, elle ne peut pas être composée d'atomes de la chair ou du corps, mais bien des atomes noncorporels de la force ou des atomes de la force. Il est vrai, que Secchi et Tyndall nous donnent même le chiffre des vibrations des atomes corporels, qu'ils evaluent de 50,000 à 946 trillions par seconde; mais, à mon avis, ces savants n'ont pas consideré, que *l'unité* ne peut donner autant de vibrations dans une seconde, et que, s'ils en ont donné le nombre, ce n'est pas celui des atomes corporels, mais celui des vibrations des unités, dont se composent les atomes corporels et dans un atome corporel il peut entrer des millions d'atomes élémentaires ou *d'unités* élémentaires, lesquelles unités se trouvant justement dans le moment de leur combinaison ou union en nouveau système, pour former un atome d'un autre corps, ont donné de 50,000 à 946 trillions de vibrations par seconde [1]). Il résulte de ma théorie comme de celle qui

[1]) La chimie minérale nous donne des exemples très variés des

règne aujourd'hui dans la science, que la force physique de même, que l'âme est composée d'atomes, seulement la science enseigne, que l'âme, être noncorporel, est composée d'atomes de la chair ou d'atomes corporels, qu'elle est une *matière spirituelle*, tandis que moi, je soutiens, qu'elle est composée d'atomes de la force. Ce n'est donc pas à ma théorie que peut s'appliquer Votre epithète, qu'elle est *obscure* et *nonscientifique* et *appuyée sur les contradictions*, mais aux idées qui régnent aujourd'hui dans la science — qui prétend expliquer tous les phénomènes de la nature par le mouvement de la matière.

Vous me demander, cher Ami, et avec raison, ce que j'entends par *l'atome de l'âme* dans ma théorie? Vous savez, qu'un atome *d'eau* se compose de deux atomes de gaz hydrogène et d'un atome de gaz oxygène; que l'eau se compose en un mot de particules matérielles: ce qui n'empêche pas, qu'elle constitue un liquide *un*, dans lequel nous ne voyons pas de parcelles d'hydrogène, ni d'oxygène etc. Je Vous demande à mon tour, quelqu'un, ne connaissant pas le prodige de la composition de l'eau, pourrait-il se faire facilement une idée de la signification d'un atome par exemple, d'oxygène dans une goutte d'eau?, d'autant plus, si j'avais ajouté, que les atomes des deux corps, qui se sont unis pour donner l'eau, se composent encore d'atomes? Ajoutons à cela, que les atomes de 67 corps

---

composés simples, binaires, tertiaires etc., et comme de raison, des atomes binaires, tertiaires etc. La chimie organique nous donne des exemples des composés et des atomes encore plus compliqués, où un atome organique forme un groupe respectable, dans lequel entrent les groupes d'atomes d'ordre de plus en plus compliqués et qui en dernier lieu sont composés de milliers d'atomes élémentaires. Et que dire maintenant de la composition d'un atome de la force de l'intelligence?

simples dont l'oxygène fait partie, doivent encore être composés d'atomes élémentaires et que l'atome élémentaire est si infiniment petit, qu'il entre dans le domaine de l'idée. Je Vous demande dis-je, s'il est facile de deviner le rôle d'un pareil atome, d'une pareille *unité* dans mon être corporel vivant, ou dans un flacon d'acide sulfurique, dans la matière du chapeau que je porte sur ma tête ou dans l'immensité de l'univers! Et n'oublions pas, que toute la nature est composée de pareils atomes et l'âme comme de raison. Si je prennais ensuite le même homme, qui ne connaît pas la chimie et si je lui faisais gouter un morceau de soufre, le gaz oxygène et l'acide sulfurique, qui versé par terre brûle tout et donne le phénomène d'une écume effervescente et fumante et si je lui disais, que les deux premiers corps—le soufre et l'oxygène, si innocents en apparence, une fois mariés, font tant de bruit et de désordre, et que l'atome élémentaire est commun à tous ces trois corps, que les atomes du gaz oxygène combinés avec les atomes du soufre brûlent la matière organique et sont extrêmement acides... tout cela dis-je, étonnerait beaucoup cet homme. Et sa surprise augmenterait encore davantage, si je lui disais, que les atomes d'un morceau de bois en mouvement combinés avec l'oxygène brûlent comme le feu, qu'ils deviennent feu. Or, il n'y a rien d'étonnant, que les atomes dont est composé la force, combinés entre eux d'une certaine manière et métamorphosés, ne puissent pas produire des phénomènes de la force de l'intelligence—de l'âme.

Tous les atomes qui entrent dans la composition de mon être organique constituent les particules extrêmes ou élémentaire de mon corps, de mon *unité* sous un rapport indivisible; que pourtant un atome fait la parcelle de mon *doigt*, un autre de mon *oeil*, de mes *jambes*, de ma *langue*, de mon *cerveau*—ils doivent donc être tous autrement réunis les uns aux autres et tous être d'un autre ordre de métamorphose pour constituer dans mon *unité* tant de choses différentes. Même chose avec les atomes de l'âme. Un atome de l'âme est l'atome de celle de ses facultés, l'autre de l'autre, quoique chaque atome a toutes les facultés de l'âme dans le germe en lui, quoique tous les atomes de l'âme constituent un être spirituel indivisible et *un*, comme être. Ce qui prouve encore, que l'âme est composée, c'est, qu'elle disparaît avec la mort du corps et avec elle et ses phénomènes — l'intelligence. L'âme par conséquent est une *multitude dans l'unité*.

Vous dites cher Ami, que ma théorie n'est pas du domaine de la science exacte, parcequ'elle admet l'état impondérable de la matière. Mais Vous oubliez, que François Arago professait l'existance de la matière impondérable. Tous les savants pendant des siècles ont eu les mêmes croyances et Vous savez, qu'Arago a tenu le sceptre de la science dans son temps, pendant un demi siècle, comme éminent physicien et surtout, comme grand Astronome. J'aurais pu d'ailleurs admettre l'atome pondérant comme *unité* élémentaire de la création, qui par son état infiniment petit, rentre aussi dans le domaine du monde de l'idée ou du monde spirituel, et il serait par cela même atome de la force. Si j'ai donc admis, que l'atome matériel est composé d'atomes de la force, c'est, que cette hypothèse m'a servi à expliquer le lien de la force avec la matière et de l'âme avec le corps. En resulterait-il, que ma théorie ne serait pas scientifique, parcequ'elle explique les difficultés, que la science n'explique pas? Il est vrai, que l'illustre physicien Italien a introduit dans la science d'autres idées, qui sont aujourd'hui généralement admises; mais il est non moins vrai, que Secchi n'a pas expliqué tous les mystères de la nature au moyen du mouvement de la matière. Mais est-ce qu' à la fin du compte l'âme serait sérieusement composée d'atomes corporels, comme le veut la science, qui a la prétention d'arriver, à la cause première par l'étude de la mécanique des atomes matériels? Et l'idée, serait-elle pour tout de bon le phénomène de la matière pesante en mouvement? Je ne comprends pas de pareiles *inconséquences.*

Vous m'écrivez, que d'après ma théorie, Dieu se transforme en verbe et le verbe en Dieu; que les atomes de l'âme sont ceux de la pierre. Vous prenez des états extrêmes pour prouver plus facilement, à Vos yeux, le faible de ma théorie.

Il Vous est arrivé cher Ami, d'entendre des personnes, qui ne connaissant pas la doctrine de Geoffroy St.-Hilaire, ni celle de Lamarck, (où il faut des milliers des milliers des siècles, sans compter les conditions favorables pour qu'un être inférieur se métamorphose en un être plus parfait); il Vous est arrivé, dis-je, d'entendre le vulgaire s'ecrier: „faites asseoir un singe sur le banc de l'école et apprenez-lui à parler français et alors, mais alors seulement, je croirai à Lamarck et à Darwin"!

Vous avez lu ma „Philosophie de la Nature". Vous avez médité ces lettres, écrites pour Vous; eh bien, Vous savez, que je ne donne pas dans ma théorie le moyen de changer brusquement l'âme en pierre, ou Dieu en verbe, ou en nature palpable; mais que je m'explique sur tout logiquement, appuyé sur les faits et sur les analogies et que j'arrive en fin à la conclusion, comme dans ce cas, que les atomes de l'âme et de la pierre sont les mêmes dans le principe, ou, que l'atome impondérable, comme *unité* indivisible, est l'élément de toute la création — de l'âme aussi bien que de la pierre, que de toute la nature improprement appelée inorganique. Je dis improprement appelée inorganique, car, l'élément de la nature étant l'atome vivant et éternel, il n'y a pas de mort dans la nature. Le terme donc mort est relatif, car dans le principe, tout vit et tout est organisé dans la nature, seulement, l'organisme dans tout est plus ou moins développé et parfait.

Dire toutefois que j'enseigne dans ma théorie, que le pierre pense comme Arago ou comme Newton; que l'âme est pierre, que l'homme est singe, c'est faire un tort à ma pensée. M'accuser aussi, de vouloir d'après mon système immobiliser ou emprisonner Dieu dans la nature, comme Hobes et Molinos l'ont fait dans leur systèmes, c'est ne pas comprendre du tout ma théorie.

Quant à tout mon travail, qui est l'observation de la nature, Vous avez bien voulu Vous rendre en fin et reconnaître, qu'il et basé sur les faits et sur les analogies; que c'est une argumentation logique et un raisonnement scientifique sur l'objet; en dernier lieu, que j'ai écrit un système original de philosophie naturelle. Car effectivement, je n'ai pas écrit la chimie, ni la physique, ni la zoologie, ni l'astronomie, mais une philosophie des sciences naturelles ou la philosophie de la nature. Il est vrai que mon travail diffère essentiellement des idées admises actuellement dans la science et s'il n'en était pas ainsi, si je n'avais rien de nouveau à écrire, je n'aurais écrit ni ma philosophie, ni ces lettres, que Votre amitié et mon amour du vrai m'a forcé en quelque sorte de Vous adresser.

Il s'agit donc dans tout mon travail de mes conclusions ou de mes vues sur la nature, dont Vous avez honoré quelques unes de Votre approbation. Vous me permettrez de laisser les autres au jugement du temps; car, si jamais je réponds à quelques critiques, si je cause encore avec Vous sur ces questions et surtout, si je les défends, c'est, que je les regarde, quant à moi, comme toutes d'accord avec la vérité.

Vale.

Varsovie le 20 fevrier 1877.

FIN.

OUVRAGES DU MÊME AUTEUR.

En vente à la Librairie de F. Savy à Paris et de Gebethner et Wolff à Varsovie.

ESQUISSE DE LA PHILOSOPHIE DE LA NATURE
un vol. in 8°. Prix 7 fr.

PHILOSOPHIE DE LA NATURE
3e édition originale Française, un vol. in 8° 116 pages. Prix 12 fr.

PHILOSOPHIE DE LA NATURE
4me édition Polonaise, un vol. in 8°. Prix 13 fr. 50.

TROIS MÉMOIRES CONTRE L'HOMOÉOPATHIE.
Prix 3 fr.

SUR LES NÉVROSES
ayant pour cause les névralgies et sur le moyen de les guérir par la cautérisation transcurrente. Travail original, un vol. in 8°. Prix 2 fr.

IMPRIMERIE
de la Gazette Médicale à Varsovie.

www.ingramcontent.com/pod-product-compliance
Ingram Content Group UK Ltd.
Pitfield, Milton Keynes, MK11 3LW, UK
UKHW021146230726
13926UKWH00002B/954